MW01709724

De la part de :- Marie
Geneviève et Jean-Michel
Ballequare

A :- Gabriel

Illustrations de Juliette Clarke
Texte de Pam Brown

Une édition de Helen Exley
Traduction de Bernadette Thomas

13 rue de Genval, B-1301 Bierges
5 rue du Louvre, F-75001 Paris

Exley Publications Ltd
16 Chalk Hill Watford, Herts WD1 4BN
United Kingdom

isbn 2-87388-017-1
dépôt légal D/7003/1994/11

Bonjour BÉBÉ

Texte de Pam Brown
Illustrations by Juliette Clarke

Regardez cette petite merveille, parfaite,
superbe !
Sa bouche, ses oreilles, ses petits pieds ronds,
Ses petits poings serrés !
Il est à vous, ce bébé ,
Une nouvelle vie, née de votre amour;

. . .

EXLEY

PARIS, LONDRES

BIENVENUE À TOI, MON PETIT

La naissance d'un nouveau bébé, c'est comme ouvrir
un paquet qui nous a intrigué pendant près d'un an
et découvrir que ce qu'il contient est dix fois
plus excitant, plus parfait, plus merveilleux
que tout ce qu'on avait pu imaginer.

...

Vous avez planifié ce bébé, lu tous les livres,
suivi des tas de cours.
Sa chambre est pimpante, arrangée avec soin et goût;
le talc, les huiles et les nounours, tout est prêt,
chaleureux, accueillant. Mais, maintenant que c'est devenu
réalité, qu'il est là dans vos bras et sur votre coeur,
vous voilà tout surpris... Vous pensiez recevoir un bébé,
mais non, c'est vraiment une personne
à part entière qui s'est installée chez vous

...

Tout ce dont un nouveau-né a besoin au départ,
c'est de manger, de dormir, d'être bien au chaud.
Il est si petit, si parfait, si nouveau, si fragile.
Vous faites de votre mieux, un peu inquiets
devant toutes ces petites demandes.
Vous êtes trop grands, trop balourds...
Et puis, un jour, ses yeux trouvent vos yeux,
vous fixent, vous reconnaissent.
Ce sourire... Il n'en existe pas de plus parfait.
Un sourire de joie pure, de confiance absolue,
qui balaie en un clin d'oeil toutes vos confusions,
toutes vos craintes.

...

RIEN NE SERA PLUS COMME AVANT

Bien sûr, vous serez toujours tout à fait absorbés
par votre boulot, vos amis,
vos diverses occupations... si importantes !
Mais il y a quelque chose de changé :
une nouvelle priorité occupera dorénavant
votre esprit.
L'essentiel de votre vie est maintenant
dans vos bras.

...

Un bébé, cela donne une nouvelle dimension
à "nous".

...

En vivant à deux, nous connaissions les silences
partagés, les conversations calmes, les soirées tranquilles
au coin du feu, et, le dimanche, les grasses matinées.

...

Maintenant, nous devons apprendre à
nous aimer différemment,
dans un univers flou de ravitaillements nocturnes,
de coliques, de nez qui coule, de dents qui poussent,
de crises de colères, de larmes, d'angoisses soudaines.
En fait, ce n'est pas si compliqué.
On prend l'enfant dans ses bras, on partage ses peurs,
ses rires, on l'installe entre nous deux et on
se chuchote plein de petites bêtises dans le noir.

...

L' heure du bain, celle des jeux, les éclats de rire soudains,
de nouvelles merveilles chaque jour... Les premiers mots,
les premiers pas, les premiers n'importe quoi !

...

Une vie moins simple, mais plus riche que tout
ce que l'on aurait pu imaginer.

...

Avant, nous étions amants, amis, copains,
maintenant nous sommes une famille.
Pour toujours.

...

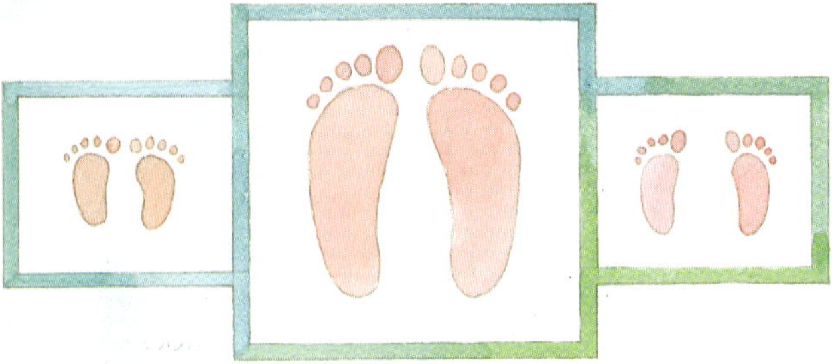

UN SOURIRE SUFFIT

J'avais pris des tas de résolutions comme
"il faut tout de suite de bonnes habitudes" ou
"être doux mais ferme " ou encore
" ne pas admettre qu'un enfant fasse la loi chez soi ".
Mais voilà qu'il sourit et s'en est fait
de toutes mes belles résolutions !

...

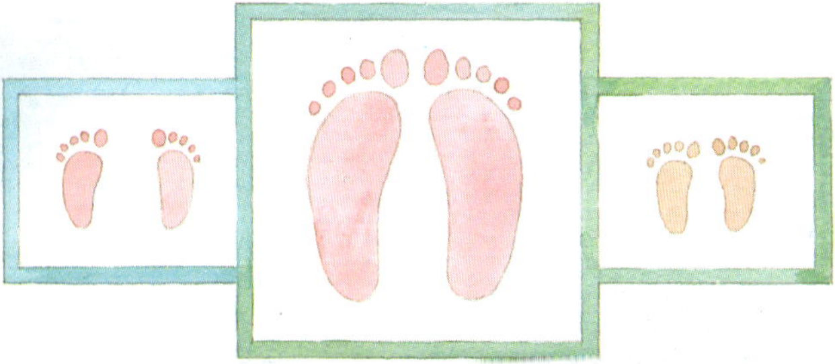

Un bébé n'a pas d'arme, pas de langage et peu de force.
Il n'a qu'un seul moyen pour se défendre :
son sourire…
C'est suffisant pour que l'espèce humaine
ne s'éteigne pas.

…

Le sourire d'un bébé nous dit :
" toi, je te reconnais ", " je te fais confiance ",
" je t'aime "... et " s'il te plaît, aime-moi aussi."

…

Bébé vous regarde, perplexe,
puis tout à coup
ses yeux brillent et il sourit...
un cadeau venu tout droit du coeur,
plus beau que n'importe quoi.

…

Lessives, repassages, nettoyage, cuisine…
Manque de sommeil, journées chamboulées…
Les bébés coûtent cher en larmes et en nerfs.
Mais qu'ils nous offrent un sourire
et leur dette est payée.

…

DES JOURS HEUREUX

Le petit enfant découvre d'abord la lumière, puis un visage.
Et pour quelques temps ce visage est tout son univers.
Ensuite un autre visage, puis un autre et un autre,
tous souriants et bienveillants.
Viendront le tour des beaux objets brillants,
puis celui des fleurs et des arbres, des chiens et des chats
et des oiseaux dans le ciel; plus tard les autobus et les voitures,
les ouvriers qui défoncent la chaussée; le sable et la mer.
Mais quand vient la nuit,
il se retournera toujours
vers ces premiers visages qu'il a aimés.

...

Un bébé est une excuse parfaite pour faire toutes sortes de choses qu'on n'ose plus faire parce qu'on est adulte. Maintenant, je peux me coucher sur le dos et lancer mes jambes en l'air. Maintenant, je peux jouer dans la boue, faire des grimaces, danser, chanter tout mon soûl.

...

Tout ce que je demande comme récompense, c'est un sourire plein de bulles, un petit cri de joie ou des yeux ronds d'admiration.

...

Un bébé apporte plein de cadeaux, un plaisir neuf, un étonnement nouveau chaque jour.

...

Si petit et déjà le centre de nos vies,
le pivot de notre univers !

...

Dans ce berceau est votre existence même.
Pour cette vie, toute menue encore,
vous donneriez avec joie la vôtre.
Personne ne vous avait jamais dit que ce serait ainsi
cela vient du plus profond de votre être.

...

Toutes les anticipations et les grands plannings
du monde ne vous préparaient pas à cette réalité :
ce petit être dans vos bras,
le poids de la responsabilité et
l'amour qui submerge !

...

On regarde son enfant, âgé de six mois,
et on se demande
comment la vie a été possible
sans lui.

...

Les pères prennent leur nouveau-né
d'une façon douce, délicate, tendre
et avec un sentiment d'amour
et de surprise.
Eux qui n'avaient jamais cru aux miracles !

...

Il n'y a pas de rayon de soleil plus lumineux,
pas de merveille plus incroyable
qu'un enfant.

...

Vous savez que vous êtes parent
quand un “bain pris à deux”
ne signifie plus pour vous
jeux d’amoureux et
petits cris de plaisir,
mais tout plein d’eau qui
déborde, qui gicle,
qui bouillonne dans les éclats de rires.

VOUS SAVEZ QUE VOUS ÊTES PARENT QUAND...

... partir pour une journée est aussi compliqué que traverser le Sahara.

... vous découvrez que le monde entier est un piège mortel pour un petit enfant sans méfiance.

... toute tragédie, n’importe où dans le monde, où meurent des enfants, vous déchire le coeur.

... vous recevez un jet de vomi sur vous
avec cette petite moue comique
“c’est pas moi, c’est le vent...”

... cela vous prend dix minutes pour sortir de la voiture.

... vous ne regardez plus les vitrines de mode,
de chaussures, de parfums, mais que
vous êtes fascinée par des manteaux minuscules
et des peluches gigantesques.

... vous vous découvrez un talent rare pour
imiter les cris des animaux.

... vous apprenez à vos dépens qu’un petit bébé
prend quatre-vingt-dix pour cent
de la place dans un grand lit.

... votre machine à laver n’arrête plus de tourner.

... une toute petite brosse à dents prend place
à côté de la vôtre.

Fais dodo.
Dors bien.
Dors fort..
Dors toute la nuit !
S'il te plaît !

…

TOUTE LA NUIT

Votre bébé vous adore. Il adore votre conversation.
Il adore votre compagnie. Surtout lors de ces
longues nuits ennuyeuses qui n'en finissent pas.

…

Bébé oublie parfois de respirer..
Ses parents voient le jour se lever,
épuisés - non parce que bébé a pleuré -
mais parce qu'ils n'osaient pas s'endormir.

…

ALLAITEMENTS NOCTURNES

Les petits bruits commencent :
des reniflements, des marmonnements,
des petits claquements de bouche.
C'est peut-être un rêve ?
Les bruits vont s'évanouir dans le silence.
Sûrement... mais voici un gémissement
plus insistant, et encore un !
Un parent sort du lit.
Biberon, changement de couches.
La petite tête roule sur le côté, les yeux se ferment,
un léger ronflement de bien-être.
Prenez-le doucement, très doucement et
ramenez-le tout endormi dans son berceau.
Ses yeux bleux s'ouvrent tout grands,
il a un beau sourire:
comme c'est bon de te voir !
Fais-moi des câlins, parlons ensemble,
c'est l'heure d'une chanson.
Trois heures du matin ?
Cela n'a pas d'importance quand on s'aime.

...

LE MEILLEUR PUBLIC DU MONDE

Les gens aiment les bébés
parce qu'ils sont très faciles à satisfaire.
Rien de ce que vous faites
dans la vie n'est accueilli avec autant
d'enthousiasme qu'un "hue, hue, à dada"
ou qu'un "coucou !".

...

Si vous avez un talent de chanteur
que vous n'osez pas montrer, même à l'église,
cela ne fait rien, chantez tout ce que
vous voulez à votre bébé,
c'est le meilleur public au monde.

...

Il n'y a rien de plus attendrissant qu'un de ces papas,
grand, costaud, qui essaie de faire sourire
son tout petit enfant.

...

Jouer à cache-cache derrière un journal
peut devenir monotone,
sauf si on est une grand-mère
qui adore voir le visage de Bébé s'illuminer de joie.

...

UN PETIT DESPOTE

Aucun être humain ne peut en posséder un autre
et surtout son propre enfant.
Bien sûr, un tout petit ne le sait pas.
C'est donc en toute candeur qu'il vous possède
de la tête aux pieds.

...

La nature a programmé les bébés
pour crier sur la tonalité
qui vous rend dingue.
Ça ne laisse de place à aucune ambiguïté.
"Maintenant!" est le message,
"Maintenant!".

...

Un bébé dont on a ignoré les pleurs
a une arme secrète en réserve :
sa lèvre inférieure qui tremblote.

…

Ce que dit un bébé:
" bien sûr je vous aime,
mais, s'il vous plaît, réorganisez vos vies,
dormez quand je dors, mangez quand j'ai fini,
jouez avec moi quand cela me convient.
Annulez tous vos rendez-vous,
car MOI je suis ici.
Je suis en train de construire les fondations
de ma vie et cela demande d'être respecté.
Plus tard, vous pourrez peut-être vous reposer,
prendre du temps pour vous.
Mais maintenant,
occupez-vous de moi."

…

Catherine II, la Grande, ne fut jamais aussi
autoritaire que lorsqu'elle fut un bébé.

…

IL A BESOIN DE SOINS

Les mots ne seront jamais aussi
efficaces que les pleurs
d'un petit enfant.

…

Le monde demande beaucoup
et donne peu.
Un bébé demande nourriture,
chaleur et votre affection.
En échange, il vous donne
confiance absolue et
amour total.

…

Un bébé n'est pas tout à fait
démuni; il a sa voix et
son sourire, mais ce sont
ses seules protections.

…

Puissent tous les rêves
de bébés être exempts
de cauchemards.

…

Tout bébé sur terre mérite d'être aimé.

...

L'ennui est qu'on ne peut pas expliquer
aux animaux ni aux bébés leurs maladies et
les traitements nécessaires.
Ils n'attendent qu'une seule chose :
que vous leur ôtiez cette douleur.

...

Ce petit être parfait,
vous voudriez le protéger contre tout mal,
tout danger, vous aimeriez lui apprendre
tout ce que votre vie d'erreurs et de tâtonnements
vous a enseigné, mais, hélas, chaque être
humain doit faire sa propre expérience.

...

Les pleurs du bébé sont un avertissement :
vous devez m'aimer quand je pleure,
quand je dérange vos nuits,
quand j'exige tout votre temps,
quand je vous réponds,
quand je vous laisse tomber.
Je suis avec vous pour toujours
Et vous êtes à moi.

...

UNE DERNIÈRE CHANCE

Chaque nouveau-né
nous permet de rêver
à un monde meilleur.
C'est ce qui nous
fait persévérer.

...

Un petit enfant nous rend
un monde qu'on avait perdu,
un monde de merveilles,
la beauté d'une fleur,
l'éclat d'une flamme,
un papillon, une feuille,
un oiseau...
recréés pour nous.
C'est merveilleux.
Nous voyons cela avec
les yeux de l'innocence et
la joie de l'enfance
redevient nôtre.

...

Regarder un bébé découvrir le monde,
c'est le redécouvrir soi-même.
Comment a-t-on pu oublier qu'une balle
c'est doux et léger, que l'eau peut éclabousser
très délicatement, que les feuilles sont toutes
tachetées de lumière sous le soleil de l'été,
que les canards, queue en l'air, plongent
la tête dans l'eau, que les coccinelles chatouillent.
Un enfant fait toute chose nouvelle.

...

Quand on est petit, les jours passent lentement,
tout remplis de mille petits bonheurs.
Chers papa et maman, allez plus lentement,
regardez par mes yeux, redécouvrez tout
ce que vous avez oublié : les petits miracles que sont
les fleurs et les flaques, les coquillages et les plumes,
les cailloux, les arcs-en-ciels, les libellules.
Ce sont mes cadeaux pour vous.

...

Seuls, les bébés peuvent mettre à jour
la force, l'amour et le courage
que nous cachons en nous.

...

UNE PÉRIODE COURTE MAIS SI PRÉCIEUSE

Pendant quelques temps,
toute la vie familiale tourne autour du bébé.
Bien vite, il devra apprendre
les premiers rudiments de la discipline.
Mais pendant cette brève période magique,
qu'il soit vraiment le centre
de tout votre univers.

...

Mon tout petit, pour quelques mois encore,
ta place est dans mes bras, blotti contre mon épaule,
étalé sur mes genoux, ou t'endormant
dans n'importe quelle position incroyable,
tes petites mains comme des étoiles de mer.
A cet instant même, je sens tes petits pieds
qui m'enlacent et je te vois te tortiller
comme un petit poisson prêt à s'échapper.
Le moment viendra vite où tu ramperas par terre,
où tu iras à quatre pattes, où tu marcheras.
Puis, tu courras aux quatre coins du monde.
Mais je me souviendrai toujours et j'attendrai.
Au cas où tu aurais besoin de moi.

...

Ne bousculez
jamais un bébé.
Il ne vivra
cet état de grâce
qu'un moment :
laissez-le
en profiter !

...

Chers parents, ne prenez pas mal le fait que
j'accapare totalement votre attention pendant mes
premiers mois. je suis plus occupé que je ne le serai
jamais, à grandir et à apprendre, à construire mon avenir.
Je vous dirai ma reconnaissance en vous apportant
chaque jour quelque chose de nouveau, de beau,
un sourire, un chant d'oiseau, un nouvel exploit.
Je ne serai pas toujours petit, partagez
ce moment avec moi car,
avant que vous ne vous en rendiez compte,
je serai grand et loin de la maison !

...